ALPHÉE

ET

ARÉTHUSE

ALPHÉE

ET

ARÉTHUSE.

REPRÉSENTÉ, DEVANT SA MAJESTÉ, A FONTAINEBLEAU,

Le Jeudi 25 Octobre 1770.

DE L'IMPRIMERIE

De PIERRE-ROBERT-CHRISTOPHE BALLARD, seul Imprimeur pour la Musique de la Chambre & Menus-Plaisirs du Roi, & seul Imprimeur de la grande Chapelle de Sa Majesté.

M. DCC. LXX.

Par exprès Commandement de Sa Majesté.

Les Paroles de cet Acte font prifes dans le Ballet d'*Aréthufe*, de DANCHET, avec quelques changements.

La Mufique eft de M. D'AUVERGNE, Surintendant de la Mufique du ROI.

Les Ballèts font de la compôfition de M. de LAVAL, Maître des Ballèts de SA MAJESTÉ.

PERSONNAGES DANSANTS,
DANS LES CHŒURS.

LES DEMOISELLES.

Canavas.
le Monier.
Favier.
Bertin.
Mezière.
Camus.

Dubois, *cadette*.
Bouillon.
d'Aigremont.
des Jardins.
du Mats.
Aubert.

LES SIEURS.

Joguet.
Bosquillon.
Cachelievre.
Cochois.
Cuvillier.
Fleuri.
le Begue.
Bazire, l.
Besche, 3.
Camus, l.
Vendeuil.
Pierrecourt.

Abraham.
l'Evesque.
Guerin.
Roisin.
du Rais.
Surville.
Charles.
Joli.
Marcou.
Coussi.
Bazire, c.
Puceneau.

ACTEURS CHANTANTS.

NEPTUNE, le Sr. Durand.

VÉNUS, la Dlle. Dubois, l.

ARÉTHUSE, *nimphe de Diane*, la Dlle. Arnoud.

ALPHÉE, *chaffeur, amant d'Aréthufe*, le Sr. l'Arrivée.

Suite de NEPTUNE, Suite de VÉNUS.

PERSONNAGES DANSANTS.

SUITE DE VÉNUS.

Le Sr. GARDEL, la Dlle. GUIMARD.

Le Sr. DES PRÉAUX, la Dlle. D'ERVIEUX.

Les Srs. du Bois, Beate, Doffion.

Les Dlles. Sidonie, de l'Orme, la Chaffaigne.

SUITE DE NEPTUNE.

Le Sr. GARDEL.

La Dlle. HEINEL.

Le Sr. SIMONIN, la Dlle. NIEL.

Les Srs. Hiacinte, le Lievre, Trupti.

Les Dlles. Blondeval, Gillfenan, Adeline.

ALPHÉE
ET
ARÉTHUSE.

*Le théâtre repréſente le palais de Neptune,
ſur les bords de la mer, préparé pour
la fête de Vénus.*

SCÊNE PREMIÈRE.

ARÉTHUSE, *ſeule.*

POur me ſouſtraire aux feux d'un amant,
trop fidele,
Diane m'a conduite en cet heureux ſéjour :
En faveur de l'immortelle,
Neptune m'admet à ſa cour.

A mon repos tout confpire ;
Alphée à mes regards ne viendra plus s'offrir ;
Il ne me verra plus & le craindre & le fuir.
La paix règne dans cet empire ;
Je dois m'en applaudir ... d'où vient que je
foûpire ?

Severe tiran de mon cœur,
Devoir, que voulés-vous encore ?

Je combats chaque jour une douce langueur ;
J'évite un amant que j'adore ;
Si je le plains, du-moins je prends foin qu'il
l'ignore.

Severe tiran de mon cœur,
Devoir, que voulés-vous encore ?

(*Après une fimphonie.*)

Tout paroît s'animer dans ce féjour char-
mant :
C'eft le dieu des mers qui s'avance.
Les flots, par leur frémiffement,
De leur augufte maître annoncent la pre-
fence.

SCÊNE SECONDE.

NEPTUNE, ARÉTHUSE,

Suite de NEPTUNE.

NEPTUNE.

BELLE Aréthuse, un spectacle pom-
  peux
Va briller dans ces lieux, soûmis à ma puissance :
  Daignés prendre part à nos jeux.

Et vous, dieux, que je tiens sous mon
  obéïssance,
  Préparés les plus doux concerts :
Chantés le jour heureux où Vénus prit nais-
  sance ;
  Que son nom vole dans les airs.

CHŒUR.

Préparons les plus doux concerts :

A iij

Chantons le jour heureux où Vénus prit naif-
    fance ;
    Que son nom vole dans les airs.

NEPTUNE, *à* ARÉTHUSE.

Vénus doit embellir la fête ;
Elle va dans ces lieux répandre mille appas :
Nimphe , vous jouïrés du beau jour qui
    s'apprête.
Je vais, avec ma cour , au devant de ses pas.

ARÉTHUSE.

De l'Amour , qui veut me surprendre,
Je fuis le charme dangereux ;
Parmi les plaisirs & les jeux ,
De ses traits peut-on se deffendre ?

NEPTUNE.

Si vous le redoutés , fuyés de ce séjour.
    C'est dans le sein de mon empire
    Que Vénus a reçu le jour :
Il n'est point, sous les flots, de cœur qui ne
    soûpire.

ARÉTHUSE.

Hé quoi, tout trompe mon efpoir !
Tout eft foûmis au dieu, dont je crains le
pouvoir !

NEPTUNE.

Nimphe, votre efperance eft vaine ;
Et vous verrés l'amant foûmis à votre loi.

ARÉTHUSE.

Alphée, o ciel !

NEPTUNE.

C'eft l'Amour qui l'amene :
Ce dieu dans mon empire eft plus maître
que moi.

ARÉTHUSE, *feule.*

Tout fert à redoubler ma peine.
L'amant que je fuyois..... eft-ce lui que je
voi !

A iv

SCÈNE TROISIÈME.

ARÉTHUSE, ALPHÉE.

ALPHÉE.

MALGRÉ tant de rigueur, nimphe, trop
    inhumaine,
Je viens encor chercher vos dangereux
    attraits :
Ah ! j'aime mieux éprouver votre haîne,
Que de me condamner à ne vous voir jamais.

A mes soûpirs, à ma conftance,
Accordés un tendre retour.

Quoi ! faut-il que des yeux, où j'ai pris tant
    d'amour,
Me marquent tant d'indifference ?

A mes soûpirs, à ma conftance,
Accordés un tendre amour.

ARÉTHUSE.

Ceffés de vouloir me contraindre
A fuivre un penchant amoureux :

Je n'entends que des cœurs se plaindre
Et de l'Amour & de ses feux.
Dans ma tranquillité je goûte un sort heureux.

Cessés de vouloir me contraindre
A suivre un penchant amoureux.

ALPHÉE.

Croyés-vous m'abuser ? en vain vous voulés
    feindre
Une tranquillité que, même en ce moment,
Votre embarras, votre trouble dément.
A-travers vos détours, la vérité terrible,
    Pour accroître encor mon malheur,
Dans mon cœur détrompé jette un jour plein
    d'horreur :
    Non, le vôtre n'est pas paisible :
Quelque rival secret l'a sans doute charmé.
    Ingrate ! vous m'auriés aimé,
Si le plus tendre amour vous eût rendu
    sensible.

ARÉTHUSE.

Vous ne connoissés pas mon cœur.

ALPHÉE.

Ah, que n'est-il en ma puissance
D'immoler ce rival à toute ma fureur !
Je me consolerois d'une injuste rigueur
Par le plaisir de la vengeance.

ARÉTHUSE.

Vous ne connoissés pas mon cœur.

Il n'a point jusqu'ici reconnu de vainqueur;
Pour son repos il doit être insensible ;
Il doit fuir de l'Amour les dangereux appas :

(*en soûpirant.*)

Hélas ! s'il est possible,
Ne le détrompés pas.

ALPHÉE, *avec transport.*

J'ôse tout esperer de l'ardeur qui me presse.
Ce soûpir à mes vœux promet un sort plus
doux.

ARÉTHUSE.

Si je pouvois un jour céder à la tendresse,
Je ne voudrois y céder que pour vous.

Ma fuite , hélas ! ne peut être trop
    promte ;
Je n'ai que trop long-tems demeuré dans ces
    lieux.
Ne fuivés point mes pas ; épargnés-moi la
    honte
    De rougir à vos yeux.

    (*Après une fimphonie agréable.*)

Quel pouvoir me retient? Une clarté plus pure
    Dans ces beaux lieux répand un nouveau
    jour :
L'onde ne coûle plus qu'avec un doux mur-
    mure ;
Tout femble m'annoncer la mere de l'A-
    mour.
Alphée ! heureux amant ! quoi, Vénus elle-
    même
    Vient-elle me parler pour lui ?

SCÊNE QUATRIÈME.

VÉNUS, NEPTUNE, *arrivant dans le même char,*

ARÉTHUSE, ALPHÉE, *suite de VÉNUS & de NEPTUNE.*

VÉNUS.

L'UNIVERS reconnoît ma puiſſance
   ſuprême,
Aréthuſe ; & je viens vous ſoûmettre aujour-
   d'hui.

ARÉTHUSE.

Vénus exige cet hommage ;
Tous les cœurs à ſa voix ne ſavent qu'obéir.

ALPHÉE.

Qu'entends-je ? de mes maux je perds le
   ſoûvenir !
Ah ! je vous aimois trop pour languir davan-
   tage.

VÉNUS, NEPTUNE, ARÉTHUSE, ALPHÉE,

Enfemble.

NEPT. & VÉNUS. } Formés
ALPH. & ARÉTH. } Formons } les nœuds les plus charmants;

NEPT. & VÉNUS. } Au tendre Amour { donnés } tous { vos } moments
ALPH. & ARÉTH. } { donnons } { nos }

NEPT & VÉN. } Qu'il triomphe à-jamais, qu'il règne, qu'il { vous } blesse.
ALPH. & ARÉ. } { nous }

NEPT. & VÉNUS. } Vous voyés } finir { vos } tourments:
ALPH. & ARÉTH. } Nous voyons } { nos }

NEPT. & VÉNUS. } Que { vos } plaifirs durent fans-cèffe.
ALPH. & ARÉTH. } { nos }

(Deux Perfonnages danfants, de la fuite de Vénus, enchaînent de guirlandes de fleurs ALPHÉE & ARÉTHUSE.)

SCÊNE CINQUIÈME & DERNIÈRE.

VÉNUS, NEPTUNE, ARÉTHUSE, ALPHÉE,

Suite de VÉNUS, *Suite de* NEPTUNE.

NEPTUNE, *à* ARÉTHUSE.

EMBELLISSÉS déformais ce fé-
jour ;
Qu'Alphée, ainfi que vous, prenne rang à
ma cour :
Le Deftin vous rend immortelle,
D'une gloire fi belle
Il fait part à l'amant, charmé de vos attraits,
En vous fefant vivre à-jamais,
Il veut que vous brûliés d'une flâme eternelle.

NEPTUNE *avec les* CHŒURS.

NEPTUNE. {Célébrés }
LES CHŒURS. {Célebrons} le jour glorïeux

Où l'on a vu fortir Vénus de l'onde :
Elle fait les plaifirs des cieux ,
Et le bonheur du monde.

NEPTUNE. } Chantés } qu'à fes bienfaits { votre } zele réponde.
LES CHŒURS. } Chantons } { notre }

NEPTUNE. } Que les plus doux tranfports éclatent dans { vos } jeux.
LES CHŒURS. } { nos }

(La Suite de VÉNUS *& celle de* NEPTUNE *fe réunif-
fent & forment des jeux en l'honneur de* VÉNUS.)

ARÉTHUSE, *alternativement avec les* CHŒURS.

Tout s'embellit en ce féjour ;
Tout célebre avec nous la mere de l'Amour.

Les vents, tranquilles dans leurs chaînes,
Laîffent en paix le fein des mers :
Le zéphir règne feul fur les humides plaines:
De l'aimable chant des firênes
On entend retentir les airs.

Tout s'embellit , &c.

*(Les jeux continuent , & font terminés par un
ballet-géneral.*

F I N.

www.ingramcontent.com/pod-product-compliance
Lightning Source LLC
Chambersburg PA
CBHW070757280326
41934CB00011B/2954